바다가 건넨 ㅁㅇ

드므 지음

낱개의 하루

작가 드므

바나나 껍질에 우당탕.
그 김에 먼 나라의 푸른 바나나에 나리던 햇살.
그리고 지금을 사랑하려는 사람.
@deu__meu

아픔을 겪는 당신에게

조심스레

바다에서 받아온 마음을 건넵니다.

| 차례 |

들어가기 6

#1. 바다 ──────── 몽돌 11
　　　　　　　　　파도 21
　　　　　　　　　몸　 31

#2. 물결 ──────── 상실 43
　　　　　　　　　균형 53
　　　　　　　　　시작 61

#3. 모래사장 ———— 너머 71

바람 79

그곳 87

나오기 94

붙임말 97

'드므'라는 이름

지난 걸음

| 들어가기 |

삶이 아깝습니다.

삼십 대 평범한 여성.
일도 있고 돈도 벌고 사랑도 있었습니다.

난데없이 큰 병이 찾아왔습니다.
급성 림프구성 백혈병. 적잖은 기간 동안 병원에서 지내며 항암을 하고 이식도 받았습니다.
그 후로 시간이 흐르는 모든 찰나를 구경하기 좋아합니다. 아픔을 지닌 채 바라보는 세상은 이전과 달랐습니다. 퇴원 후에는 바다에서 몇 달을 지냈습니다.

바다 앞에서 삶의 일면을 구경했습니다. 그곳에 서면 감정의 모든 모서리가 물결을 타고 일렁이다가 일순간 파도처럼 부서져 내리고는. 이내 모래알처럼 흩어졌습니다.

바다는 살아있었습니다.
저에게 자꾸 무언가를 주었습니다.

바다는 끝없는 수평선의 공간이면서 동시에. 시간이 삶을 어떻게 통과하는지를 보여주는 시간의 장소였습니다. 푸르른 수평선 앞에서 당신은 삶을 계속해서 나아갈 수 있는 용기를 얻게 됩니다.
바다에서 받아온 마음을 조심스레 건네봅니다.
아픔을 애써서 품고 있는 당신의 가슴 한곳에 제 글이 온기로 스며들면 좋겠습니다.

바다로부터 얻게 된 삶의 단상이
제가 겪었던 시공간을 유유히 넘어서
당신에게 오롯이 가닿기를 바라며.

드므 드림

#1. 바다

몽돌

베란다로부터 거친 바람이 불어온다. 창문을 닫으려고 그 앞에 섰다. 도시에서 만나기 힘든 바람이다. 그 속에서 나는 희미하게 바다 내음을 맡아낸다. 꼭 바닷가의 그 집에 와있는 것만 같다. 해풍의 비릿한 내음이 상상처럼 내 기억을 되살린다. 항암과 이식으로 한껏 얇아졌던 내 몸은 살기 위해서 바닷가로 갔다. 이유는 단순했다. 바다를 보면 심장이 뛰었다. 처음 만났을 때부터 그랬다.

"큰 돌멩이가 바다에 빠졌어!"

생애 최초로 바다를 만났을 때 나는 이렇게 말했다고 한다. 예닐곱 살의 아이가 고속버스 차창 너머로 광활한 바다와 큰 바위를 보고서 한 말이었다. 그때서부터였을까. 범접할 수 없는 광활함과 눈이 다 좇을 수 없는 생동감을 모두 지닌 이 장소는 단번에 무구한 나를 꽉 사로잡았다.

이 세상이 열렸을 때부터 존재했을 것만 같은 이 장소. 나는 언제고 머릿속에서 실감 나게 그려낼 수 있다. 바다 앞에 선 나를 상상해 본다. 확 트인 하늘 아래 끝도 모르게 펼쳐지는 수평선을 응시한다. 서서히 그 아래로 시선을 돌리면 저 멀리에서부터 바닷물이 다가온다. 작은 둔덕처럼 파도로 울렁울렁 무리 지어온다. 몽돌이 깔린 해변까지 다가와서는 내 앞에서 기어코 일을 벌인다. 보란 듯이 제 몸을 하얗게 깨트린다. 이 광경은 계속 두고 보아도 질리지 않는다. 모든 상념을 부수어 버리고 말겠다는 듯한 움직임이다. 바다 앞에 곧추서서 파도가 깨져나가는 장면을 마주할 때면 내 마음은 언제고 통쾌

해진다.

 바닷물이 몽돌 사이사이로 거품처럼 스며들 듯 퍼져 나간다. 죽었을까? 차아르르…. 아니다. 바닷물은 다시 솟아나듯이 바다로 되돌아간다. 몽돌은 파도가 사정없이 내리치는 곳에서 무리 지어 웅성거린다. 차르르. 차르르. 파도가 올 때마다 서로 몸을 맞대며 더욱 몽글몽글해진다. 푸른 바다와 흰 파도 거품이 그림자 빛깔처럼 깊은 어둠을 지닌 돌멩이 무리를 마구 굴려낸다.

 내 속을 무심한 돌이라고 믿어온 삶이었다. 굳이 드러내지 않고, 스스로 감내하며 세상을 살았다. 큰 소리 내지 않는 삶이었다. 내 몸속을 돌고 도는 혈액에 검은 그림자가 드리워졌다. 혈액암이었다. 바다 앞에서 내 마음도 데구루루 구른다. 밑도 끝도 없던 책임감. 온화함. 배려. 인내……. 남 탓하지 않고 내가 꾸역꾸역 간직한 것이 내 몸에 어둠으로 들어찼을까. 검은 몽돌이 된 내가 사정없이 구른다. 푸른 파도의 치마폭에서 마구 울렁대는데 제 몸이 깎이는 줄도 모른다.

    사실, 몽돌의 색은 원래부터 까맣지 않았다. 돌을 햇빛에 바짝 말리면 본디의 색을 알 수 있다. 물기 가신 메마른 몸을 살펴보면 회색빛 돌, 약간 누르스름한 돌, 조금은 붉그스름한 돌도 있다. 의견을 강하게 내세우지도 않았고 일은 일대로 열심히 했다. 파도 소리가 경쾌하듯, 사는 게 재미있었다. 매년 경력이 얹히고 자신감은 근육처럼 붙었다. 퍼붓는 바닷물이 시원해서 사방이 나를 갉아대는 것을 몰랐다. 무엇이든 속으로 욱여넣는 나만의 감내(堪耐), 혹은 일에 대한 지나친 열정이 그랬을까. 나를 까맣게 만든 일을 하나씩 손가락 꼽아서 세어 보았다. 아무도 이유를 알 수 없는 병. 아무도 모르게 큰 돌멩이는 파도에 쓸려 살점이 닳았다. 생채기 잔뜩인 살이 붉어지기를 반복하다가 결국 까맣게 탄 줄도 몰랐다. 병실에서 열이 많이 올랐던 어느 날엔가 몸의 주도권까지 잃었다. 수액 줄로 겨우 삶을 연명하는 시커먼 돌덩이가 되었다.

태풍이 온다고 했던가. 나뭇잎이 제 줄기에 몸을 바짝 붙였다. 몇백 킬로미터에서 떨어진 바다에서 불어온 바람일 테지. 얇은 나뭇가지는 부러질 듯이 몸을 눕힌다. 큰바람이 볼에 닿자 내 마음이 그때 그 바다로 내달린다. 나의 요양 시절. 바닷가 앞 숙소. 항암과 이식으로 40kg까지 떨어진 몸은 한껏 납작해져서 종이 인형과 다름없었다. 비척비척한 걸음걸이로 바다 앞에 섰을 때 강한 바람이 앞뒤에서 나를 몰아붙였다. 회색 구름 아래. 더 짙은 회색 바다가 있었다. 빗방울인지 파도에서 떨어져 나간 바닷물인지 모를 것들이 내 얼굴을 마구 때렸다. 울음인지 웃음인지. 어느 감정에서 나왔는지 모를 물방울을 나는 고개 돌려 털어냈다. 나는 사람의 모습을 한 돌이었다. 파도의 바람 앞에서 내 윤곽을 뚜렷이 볼 수 있었다. 살아 숨 쉬는 거대한 바다는 생(生)에 대한 욕심을 부추겼다. 일렁이는 물결과 함께 사정없이 부서지는 파도. 파도가 조각나며 허공에 흩뿌려지는 바다의 하얀 땀방울. 쉴 새 없이 뭍으로 밀려 들어오는 살아 있는 움직임이 눈동자에 각인되었다. 나를 바짝 말려냈던 요양 시절. 바다를 월세방 창문에 걸어놓고 매일 들여다봤다. 그 총체적인 생명력을 닮고 싶었다. 살고자 했기에 버텨내고 싶었다. 그 무엇보다도 살아있는 사람이고자 했다. 바다 앞에서 '사람답-'기를 기원했다.

언젠가 태풍이 몰아친 다음 날. 완도의 어느 바다에서는 하룻밤 새 몽돌이 몽땅 사라졌다고 한다. 전설 같은 이야기였다. 그 빈 자리에는 모래뿐이었다고.
며칠 후 몽돌은 아무 일 없었다는 듯이 되돌아왔다고 했다. 그에 관한 과학적 사실을 연구자들이 알아냈다는 기사를 봤다. 몽돌은 태풍이 왔을 때 바닷속으로 몰려가서 큰 파도의 힘을 뺀 후 제자리에 돌아온 것으로 밝혀졌다.

몽돌은 한때 큰 돌멩이였고. 돌멩이는 큰 산의 일부였다. 몽돌은 파도 사이로 달려 나가 태풍에게 휘둘리는 바다를 잠재웠다. 작은 몽돌도 한때는 거대한 모습으로 우뚝 섰던 적이 있었다. 산의 한 조각이 바다를 흠모했고

제 몸을 굴려서 골짜기와 강을 거쳤다. 만 오천여 년의 시간을 삼키며 바다로 나아갔다. 몽돌의 사랑은 바다가 성이 나도 그치지 않는다. 제 몸을 바닷물에 자꾸 씻고 파도로 고통을 지각한다. 생을 확인하는 통쾌(痛快). 아프면서도 깨치듯이 시원한 감각이다. 제 몸을 닳도록 굴려서 거세어진 바다를 달랜다. 내 삶에 들이닥친 병은 요동치는 바다와 다름없었다. 예기치 못한 항암의 폭풍 속으로 나도 온 마음을 다해 나아갔다. 몽돌은 아파서 소리 내는 게 아니었다. 몽돌은 어쩔 수 없이 바닷가에 매여 있는 게 아니었다. 물에 젖어서 거무튀튀하게 짙어진 색은 암흑이 아니었다. 몽돌이 바다를 위해 태풍 한가운데에 겁 없이 나아가듯이. 사람으로서 내 삶을 지키고 싶어서 쉼 없이 굴렀다. 병의 고통에 몸서리치면서도 삶을 사랑하는 만큼 버텼다. 몽돌이 담대한 까닭은 그 작은 몸뚱이가 대지의 마음을 지닌 채 바다를 사랑하기 때문이다. 그 마음은 아무나 함부로 훔칠 수 있는 것이 아니다.

베란다에서 뜰을 내려다보니 나뭇가지가 금방이라도 꺾일 것만 같다. 베란다 창문을 닫으려고 한 손을 뻗는다. 큰 창을 닫으려는데. 바람이 머리칼을 내 얼굴에 마구 비빈다. 몽돌이 너 잘 지내는지 보고 오랬다고.

바닷가를 떠나온 지도 일곱 번의 계절이 바뀌었다. 병실이 아닌 내 집에서 이 바람을 맞는다. 바다의 변덕을 잠재우고 몽돌이 자신의 자리로 되돌아왔듯이 나도 내가 있던 곳으로 되돌아왔다. 나를 집어삼킬 듯이 거칠고 막무가내였던 바다. 제 몸을 굴려 우직하게 바다를 달래던 몽돌. 병의 고통이 저물어 간 자리에 한 점의 그림으로 남겨졌다. 삶의 태풍이 언제고 들이닥친 대도 지금의 나는 얼마든지 그 앞으로 나아갈 수 있다. 몽돌이 파도에 제 몸을 다시 내어주며 차르르 솨아아. 청량한 소리로 웃는다. 다시금 심장이 띈다. 몽돌의 모습으로 바다 곁을 지켜냈던 큰 돌멩이의 전언이 분명하다.

작은 나뭇잎이 바람의 재촉에 못 이겨 바람 위에 오른다. 해풍으로 안부를 묻는 큰 돌멩이에게 화답해야겠다. 바람에 올라타기 시작한 몇몇 나뭇잎에게 미소를 얹었다. 요양 시절의 기억을 가볍게 닫는다.

어느새 내 귓가에는 몽돌이 차르르.

파도

 크루아상은 떼어 먹어야 맛있다. 포크 말고 손을 이용해서 위에서부터 껍질 까듯 한 겹씩 떼어먹는 게 제맛이다. 숙소에 돌아와 누운 나는 핸드폰 속의 바다 영상을 보며 그것을 떠올린다. 이 빵은 차마 한입에 몽땅 베어 물기에는 아까운 마음이 있다. 바삭한 빵 껍질과 촉촉한 속살을 닮은 부드러움이 그 바다에 있었다. 부드러운 빵의 속살처럼 넘실대는 바다를 만지듯이 동영상 재생 버튼을 재차 눌러본다. 낮에 본 바다가 벌써 보고 싶어서였다. 자장가 리듬을 안다는 듯이 바다가 일렁댄다.

파도가 내게로. 멀리서부터 다가왔다. 여태 살면서 서해를 제대로 만난 적이 없었나 싶다. 분명 낯선 바다이다. 나를 보자마자 파도 여럿이 천천히 다가오는 환대는 놀라웠다. 기억 속의 동해와 달랐다. 그곳에서는 많아 봤자 서너 개 정도의 파도가 몰려오곤 했다. 그 파도는 급해 죽겠다는 듯 밀려와서 모래사장에 쫘강-. 꽝! 한두 번에 모두 부서져 버린다. 바쁘다고 빠르게 닫혀버리는 성미 급한 바다였다.

만리포는 광활하면서도 차분한 파도가 쉼 없이 밀려들어 온다. 아주 멀리서부터 하얀 거품을 내며 파도 하나가 내 쪽으로 부서지기 시작한다. 이미 그 앞에는 네다섯 겹의 파도가 나에게로 슬그머니 다가오고 있었다. 파도 여럿이 한꺼번에 드넓은 양옆으로 펼쳐지면서 차례로 부서져 간다. 백사장이 매우 넓고 해변이 길어서 두 개의 눈으로 좇기에는 한참 부족하다. 태평양의 거대함을 품고 있는 캘리포니아를 닮았다는 뜻에서 '만리포니아'라고 불리기도 한다. 그 별명에 맞게 시야각에 한 번에 담지 못할 정도의 풍광이다. 동해와 한 식구인 것을 도무지 믿을 수 없다.

만리포니아의 속은 부드럽고 겉은 바삭하다. 바다가 파도로 변하기 시작하는 지점에 어김없이 봉긋한 물 언덕이 생기는데 이 완만한 선은 지상의 그 어느 곡선보다 부드럽기 그지없다. 이내 바다는 바삭거리면서 파도가 되고 한순간에 거품처럼 녹아버린다. 얇은 겹으로 속속들이 들어차 부드럽게 씹히는 크루아상과 다름없다. 양쪽으로 끝없이 길게 펼쳐지는 겹겹이 파도가 순간으로 사라지고 만다. 아껴먹고 싶은 마음으로 바다를 감상한다. 바삭함과 부드러움은 상극의 감각인데. 어떻게 하나에 다 들어차 있을까.

한낮의 나는 그랬다. 신발 벗고 모래에 내 발그림자를 남기며 파도로 다가갔다. 태초의 사건을 목격한 유일한 인간인 것처럼 핸드폰 카메라로 연신 동영상 버튼을 눌렀다. 사선으로 찍으니 삼각형 파도가 담겼다. 느린 동작으로 설정하여 찍으니 바다가 파도를 데리고 유유히 일렁였다. 그 모습은 현대미술관에서 재생되는 어느 영상 작품을 보는 것만 같았다. '탄생과 소멸의 중첩'. 이런 이름이 작품명으로 어울릴지도 모르겠다. 내 몸에 일어나던 마음의 형상을 들여다보는 듯했다.

암을 진단받고 난 뒤 몸에 무수한 마음이 일어나다가 사라지곤 했다. 닥치는 줄도 모르고 밀려 나가는 한숨들이 이어졌다. 염증 수치는 내 의지와 상관없이 자주 오르내렸다. 그로 인해 퇴원이 미뤄졌다는 소식을 듣는 날이 연거푸 이어졌다. 그때마다 나는 심연의 모랫바닥에 얼굴을 처박곤 했다. 검사 결과가 좋지 않을 때면 마음이 바스락거렸다. 자책. 원망. 한탄이 나를 건드릴 때도 내 마음은 자주 뒤척였다. 빛 한줄기 들지 않는 듯한 바닥에서 눈감고서라도 헤엄치려고 발버둥쳤다.

그럴 때면 어디선가 내 마음에 부드럽고 완만한 위로가 밀려 들어왔다. 파도가 모래에 닿으면 곧 스르르 스며들듯이. 크루아상이 혀에 닿으면 부드럽듯이. 그렇게 나에게로 왔다. 좋은 사람들의 따뜻한 마음이 곧잘 허우적대는 내 속으로 부드럽게 밀려 들어오곤 했다. 안부

물어주는 그 사소함이 무수한 마음을 적셨다. 부정적인 감정은 자주 탄생했다가도 다행히 금세 소멸했다.

바삭하게 깨어져 가는 파도 소리를 눈으로 보니 가만히 있을 수 없었다. 바다가 못내 반가워 바지를 걷고 한 손에 쥐었다. 맨발로 모래를 밟고 바다로 가까이 다가갔다. 일렁일렁 나에게 인사하듯 찬찬히 물이 다가왔다. 발목이 선뜻. 늦봄인데도 물의 온도는 서늘했다. 해의 빛살이 지상의 물에 내려 닿으니 천상의 별빛처럼 마구마구 윤슬이 생겨났다. 투명하게 겹으로. 바닷물이 발목을 타고 오갔다. 여태 햇살을 보지 못한 내 하얀 발등에 차츰 찰진 고운 모래가 바닷물 먹고 돋아났다. 펄럭이는 긴 바지를 계속 잡고 있으려니까 꽤 거추장스러웠다. 순간 '짠!'이라고 외쳤을 때 반바지. 아니 수영복으로 변한다면? 이런 얼토당토않은 생각을 하던 중이었다.

갑자기 왼편에서 웃통을 벗은 반바지 차림의 남자가 바다를 향해 우다다다 뛰어 들어갔다. 한 템포 늦게 내 시야의 오른쪽에서 대여섯 살 된 남자아이가 튀어나왔다. 내 시선에서 남자는 왼쪽에, 아이는 오른쪽에 자리했다. 그 둘은 피부색도 달랐다. 아이는 옷깃이 있는 반소매 티와 반바지차림이었다. 햇빛을 가려줄 앙증맞은 벙거지까지 야무지게 쓰고 있었다. 아이가 그 남자와 비슷한 걸음으로 우다다다 뛰듯이 들어가려다가. 막상 파도가 제 발밑에 바로 밀려들어 오니 딱 멈추었다. 낭떠러지 코앞에서 만화 캐릭터가 멈추어 서듯. 자동차가 끼익- 소리 내며 정차하듯. 급작스럽게 부서지는 파도 앞에 멈춰 섰다.

동영상 재생 버튼을 누르던 손가락을 잠시 그대로 둔다. 눈길이 이 아이에게 말줄임표처럼 머문다. 속으로 말을 붙인다. 첨벙대며 차가운 바다에 들어가던 호기로운 남자와 그를 따라 해보려던 그 아이의 뒷모습이 일시 정지되어 있다. 편지 쓰듯이 말을 골라 본다.

'얘야. 겁내지 않아도 돼. 바다는 손이 없어서 파도 소리로. 겹겹이 박수로. 반가워해 주는 거야. 막상 발에 파도가 깨져온대도 무서운 일은 아니야. 시리도록 차가운 물의 첫 질감이 조금은 선뜩할 수 있겠지만 너의 발바닥을 그대로 감싸는 부드러운 모래를 느껴보렴.

네가 균형을 잃어 잠시 몸이 기울여져도 모래땅이 푹신하게 너의 엉덩이를 받쳐줄 거야. 혹시라도 너무 신이 난 파도가 강아지처럼. 너의 입으로. 코로. 바로 들어오면 그땐 눈을 질끈 감아버려. 순식간에 별것도 아닌. 그저 그런 짠맛으로 스르르 변해버리고 말 테니까.'

이왕 속의 말인데. 이 말도 들려줘야지.

'아이야. 살면서 적잖은 일들이 연이어 넘실대는 파도처럼 다가올 거야. 벅차면 잠시 눈을 질끈 감았다가 떠도 괜찮아. 없어지지 않을 것 같은 온갖 고단한 일도. 스르르 흩어지는 파도처럼 사라지고 마는 때가 꼭. 온단다. 자. 이제 겁내지 말자. 무릎을 들어 한 발 내디뎌 보는 거야. 바다와 인사해보자.'

분명 아이의 뒷모습을 보고 읊조린 말이건만 도돌이표처럼 나에게 쓰는 편지로 읽힌다. 암이란 못된 병이 나에게 온 뒤 나는 해보지 않은 일들 앞에서 자주 멈추었다. 나이는 숫자에 불과하다는 말은 남의 말이었다. 숫자는 벽처럼 나를 막아섰다. 자신감은 절로 낮아지곤 했다. 온갖 불안과 조바심은 병든 나에게 질척댔다. 엄두 내지 못하고 지나쳐버린 것을 떠올려본다.

동영상이 끝났다.

바다 앞에서 멈춘 아이에게 바다의 맛을 누가 귀띔해주면 좀 쉬웠을까. 나의 속도로 천천히 걸으면 된다고. 앞서서 다가오는 파도에 서서히 몸을 적셔가며 바다에 들어갈 수도 있다는 것을. 파도 소리에 놀라 넘어진다거나 급한 파도가 몸을 푹 적셔놓아도 아이는 괜찮을 것이라고. 아이에게 벙거지를 씌워준 그 포근한 마음처럼 말이다. 하얗게 굴러오며 부서지던 파도를 아이가 피하지 않기를 바란다. 성큼성큼 첨벙대며 까르르까르르 웃기를 바란다. 겁내기보다는 성큼성큼 한 발씩 떼는 모습을 보고 싶다. 넘어져도 일어설 수 있도록 손 내밀어 주는 이가 있을 것임을 믿는다.

바닷물의 부드러운 능선이 모래사장 앞에 다가와서는 철썩철썩하고 연달아 부서져 간다. 파도 소리가 없다면 바다가 아니고 겉이 바삭하지 않으면 진짜 크루아상이 아니다. 마음에 바스락거리는 일이 생겨나다가도 나의 안녕을 묻는 부드러운 마음들이 곧 밀려든다. 예상치 못하는 크고 작은 일이 탄생하는 것도 삶. 언제 그랬냐는 듯이 사라지는 것도 삶이다. 삶은 때때로 바삭하고 한편으로는 부드럽다.

모래를 움직여서 바다로 되돌아가던 물이 이부자리로 밀려오는 것만 같다. 오늘 밤은 그 작은 아이와 웃으며 바다로 성큼성큼 걷는 꿈을 꾸어야겠다. 내 발을 투명하게 덮다가 다시 찰랑대던 바닷물의 촉감이 선명하다.

돌아가는 길에는 크루아상 한 꾸러미를 사야겠다. 겹겹이 바삭하고도 부드러운 바다를 두고두고 먹어야지. 지난날에 밀려들었던 아픔과 한숨을 뒤로 둔다. 새롭게 부서지는 파도로 걸어 들어가는 내가 보인다. 앙다문 입을 한 아이의 눈에 웃음이 차오른다. 광활한 내일을 겁내지 않고 발을 내디뎌 본다. 내 바다에는 크루아상이 있고 나는 과거와 미래를 떼먹는다. 부드럽고. 바삭하면서도 달다.

몸

　여름 한낮이다. 바다에 들어가자 수트가 기다렸다는 듯이 물을 냉큼 받아들인다. 찌릿하다고 해야 할지, 차갑다고 해야 할지 모를 물의 감촉이 설익은 몸에 파고든다. 어느 바닷물이든 발을 꼭 담가야 직성이 풀리던 과거의 내가 슬며시 고개를 들기 시작한다. 쇄골 부근을 뚫고 정맥을 연결했던 히크만 카테터는 그동안 내게 샤워만 허락했었다. 오늘은 바다가 호수 같다. 바다를 바라보는 내 눈빛이 마음에 걸렸을까. A가 군말 없이 서핑 수트를 입혀주었다. 카테터를 제거한 지 오늘로써 딱 스무날째다. 수평선까지 깔린 푸르른 카펫이 잔잔하다.

    물에 들어가는 게 좋다. 내 몸에 지니고 있었는지도 몰랐던 생의 감각. 물에 몸을 담그자 거짓말처럼 몸이 반응한다. 물살이 만져진다. 물의 장력이 종아리에 닿는다. 찬 기운이 발가락을 훑는다. 옅은 물결이 보드에 닿고 그 소리가 귀로 스민다. 물결이 보드의 옆면을 만나 살짝씩 부딪혀 촤륵…. 그리고 찰랑. 파도가 얕게 부서진다. 바람 한 점 없다. 나긋나긋하게 나를 받아준다. 친절한 파도를 지나쳐 성큼성큼. 물이 허리까지 잠기면 멈춘다. 숨을 고른다. 보드의 가운데를 두 손으로 뜀틀 짚듯이 짚는다. 모랫바닥을 도움닫기 삼아 살짝 발을 구르면 보드에 내 몸이 얹힌다. 보드의 꼬리와 나의 발목을 연결하는 줄. 리쉬도 단단하게 여몄다. 태평양을 누비는 큰 선박이 부럽지 않다. 나만의 쪽배. 이 서프보드만 있으면 이제 발 닿지 않는 곳도 서슴없이 나아갈 수 있다.

    2018년 봄. 서프보드를 선물 받았다. 날렵하면서도

둥그런 앞코는 더없이 멋졌다. 중고였지만 쓰다듬는 것조차 아까웠다. 한 번이나 탔을까. 한 달여 뒤 받게 된 암 진단 때문에 내 보드는 집에 주저앉았다.

 파도를 타기 위해서가 아니라 바다를 느끼려고 서프보드에 오른다. 오늘이 그런 날이다. 몸에 힘을 빼고서 뒤로 벌렁 누워본다. 등을 수면 위에 붙이듯이 눕는다. 바다가 내 모든 살갗을 두루두루 안아준다. 물결이 꿀렁. 바다가 묵직한 힘으로 나와 보드를 수면 위로 잠시 들었다가 내려놓는다. 이 묵직한 힘을 사람들은 '물결'이라고 부른다. 내 삶에 다가온 물결 가운데 타격이 가장 컸던 너울성 파도였다. 기척도 없이 병이 나를 덮쳤다. 오는 줄도 모르게. 바람 한 줄기 없이 갑작스럽게 덮치는 큰 물결이었다. 내 병명 앞에는 급성이란 단어가 붙었다.

 엎드려서 패들을 하니 등에 닿는 여름 태양이 차츰 얼굴을 달리한다. 따스했다가 뜨끈해지더니 이제는 따끔거리기 시작한다. 볕에 몸이 그을려간다. 물속으로 뛰어

들 때다.

풍덩!

바닷물 안에서 내 몸 전체가 부피로 존재한다. 나의 부피감을 확인하는 순간이 필요했다. 절실했다. 내 존재는 병으로 인해 지워진 것과 다름없었으므로. 사회에 있었던 내 자리는 빈틈의 흔적도 없이 금방 채워졌다. 병을 지닌 사람에게 '지속 가능'한 업무가 주어질 이유는 없었다. 우습게도 '나'라고 불리는 존재로서의 감각이 희미해졌다. 사회의 바깥으로 튕겨 나왔다는 사실. 입으로 넘어가던 음식이 그대로 위로 쏟아져 나오던 나날. 그 사이에서 내 존재는 갈피를 놓쳤다. 세상에서 유일하게 남은 내 영역은 몸뿐이었다. 나라는 존재에 대한 가늠 없이도 생은 지속되었다. 의식하면서 숨 쉬는 것이 아니었으니. 내가 물성으로 존재하는 줄도 모르고 살았다.

'그래…… 이 느낌이지.'

가물었던 몸이 반가운 비를 맞는 식물처럼 한껏 물기를 먹는다. 새끼발가락에서 정수리까지 푹 담근다. 바다 한가운데에 내 몸이 존재한다. 발끝에 닿는 물이 선뜻하다. 이건 해볼 만 한 일이다. 완전한 생의 감각이다. 바닷물 안에서 내 몸 전체가 부피로 존재한다. 물속에서는 폐호흡의 관성이 통하지 않는다. 수면 위로 고개를 꺼내 들고 숨을 들이마신다. 손을 휘저으면 물살이 팔 안쪽으로 흘러 지나간다. 수면에서 발목을 힘있게 구르면 바다 표면에 물장구가 첨벙.

부피는 입체적인 물질이 삼차원 공간에서 차지하는 크기를 말한다. 가로, 세로, 높이를 곱하여 세제곱미터로 기록한다. 길이 단위인 '㎝'를 세 번 곱하면 부피 단위인 '㎤'가 된다. 내 높이는 정수리로부터 발끝까지 163㎝ 정도다. 지금도 호흡해내고 있는 폐와 온몸으로 혈액을 돌려내는 심장. 이들을 감싸는 내 갈비뼈 둘레만큼의 면적에 내 키를 곱하면 나의 부피 값이 나오려나.

병원에서는 하루에 적어도 세 번 체중을 쟀다. 인간의 무게는 생사의 바늘 눈금 아래 저울로 측정되었다. 음식을 목구멍 뒤로 넘기지 못하니 하루에 1kg씩 빠졌다. 내 부피를 물 안에서 가늠하기까지 얼마만큼의 날카로운 시간이 지났나. '나'라는 존재의 부피는 무엇을 세 번 곱해야 값이 나올까. 내 삶을 구성하는 가로, 세로, 높이는 무엇일까?

물결이 다시 한번 꿀렁. 물결 하나가 내 몸을 잠시 허공에 띄우더니 떨어뜨린다. 보드에 연결된 리쉬가 내 발목을 슬쩍 당긴다. 환자라는 호칭에 떠밀려 관성으로 살아왔던 나다. 어떤 물결이 예보도 없이 다가올는지 그 누구도 완벽하게 예측할 수 없다. 잔잔한 물결인지 너울성 파도인지 풍랑인지 모든 것을 집어삼키고 마는 해일인지⋯⋯.

둥둥.
옅은 물결이 보드 아래를 작은북처럼 울리고 지나간다. 인간이란 존재의 '가로 × 세로 × 높이'는 무엇일까? 인간으로서의 부피는? 기억의 부스러기에 덧씌워지는 감정을 곱하고, 거기에 물 흐르는 듯한 시간까지 곱한 것이 아닐까.

 등, 허리, 허벅지, 종아리, 발목, 발바닥까지 볕이 수직으로 내려 닿는다. 의도하지 않았던 상황과 선택으로 들끓었던 감정은 내리쬐는 빛의 기울기에 따라 그 크기가 달라진다. 항암과 이식의 과정은 끝이 났다. 고통스러웠던 기억은 자꾸 밀려오는 시간의 물결에 떠밀려 나간다. 왜 나여야만 했느냐고, 들끓었던 억하심정도 서서히 식어간다. 행위의 부산물로서 남겨진 묵은 감정은 힘을 잃는다. 한낮의 태양이 서서히 기울기가 낮추다가 빛을 잃고서 수평선 끝으로 쓰러지듯이 그렇게.

 보드의 코가 가리키는 방향에 끝없이 이어지는 푸른 선이 보인다. 아직 끊기지 않은 나의 생명선이다. 믿기지 않았던 병을 얻고도 어떻게든 살아내고자 하는 몸이 있었다. 리쉬를 잡아당겨서 보드를 내 앞에 끌어온다. 보드를 잡고 그 위에 다시 올라앉는다. 발바닥에 닿는 바닷물의 느낌이 새삼스럽다. 나를 다시 마주한다. 여전히 내 몸은 한 인간으로서의 부피 값을 가진다. 바다도 삶이고, 삶도 결국 바다다. 이 드넓고 광활한 공간에서 나는 여전히 삼차원으로 존재하고 있다. 빨갛게 드러났던 쇄골의 살갗은 이제 막 봉합되었다.

나의 뒷면에 금가루 같은 빛이 쏟아진다. 물결이 가볍게 일렁이며 나를 다시금 들어 올린다. 발과 손으로 물살을 내어 보드의 방향을 바꿔본다. 보드의 코가 이제는 뭍을 가리킨다. 모래사장에 사람들이 보인다. 삶은 나와 멀리 있지 않았다. 내 존재는 계속해서 부피를 잃지 않을 것이다. 팔꿈치를 노처럼 만들어 바닷물에 깊숙이 넣는다. 윤슬도 꿈꾸는 듯한 오늘의 바다. 호수같이 잔잔한 이 물결이 순식간에 해일로 바뀐대도 나는 멈추지 않을 생각이다. 바르지 않아도 괜찮다. 서두를 필요도 없다. 느릿느릿 패들을 시작한다. 삶을 향해 간다.

수면에서 뭉그러지는 작은 물결 소리. 그리고 허공으

로 꿈꾸듯 번져가는 물보라.

여름 태양이 육각의 무지갯빛으로 쪼개어져 나린다.

눈이 부시다.

#2. 물결

상실

첫 번째.

A의 다급한 목소리와 함께 일그러지는 얼굴.

"어서 나와!"

내 몸에 파도가 들이박고 서프보드는 발목에 연결된 리쉬를 밧줄 삼아서 내 몸을 쭉 끌고 간다. 몸이 속절없이 깊은 물결 사이를 총알처럼 가른다. 와. 세다…… 어쩌지?

두 번째.

A의 얼굴이 물결에 보이는 듯, 보이지 않는 듯도 하다.

"보드 잡아!!!"

이번에도 몸은 힘을 내세울 수 없고 보드 따라 왼발이 훅 당겨진다. 몸의 다른 곳들이 관절 인형처럼 맥없이 따라간다. 보드 잡으란 소리는 들리는데, 눈앞에 보드가 보이는데, 가까워 보이는데, 잡히지 않아… 아! 리쉬를 어서 당기자. 그런데 내 옷은 어디 갔지? 왼손에 잡혔던 것 같은데…? 바다는 재차 정수리를 수면 아래로 당긴다. 나는 수영을 못 한다. 숨만 쉬면 좋겠다. 물결이 지나가니 코가 수면 위로 겨우 살짝. 숨을 훅 급박하게 들이마신다.

세 번째.

"보드 놓치지 마!!!"

사이 파도가 넘실넘실.

"꽉 잡아!!!"

A의 얼굴조차 보이지 않는다. 목소리만……

숨만 쉰다면, 숨이라도 들이키면 될 거 같은데… 언제

수면에 올라가지는 거지?

왼쪽 팔에 엉겨있던 옷이 가벼워졌다. 내가 대학 시절부터 입었던 얇은 후드 점퍼다. 어떻게 된 거지? 아니. 지금 그게 중요한 게 아닌데? 숨을 내뱉자. 어떻게든 위로 올라가야 해.

네 번째.

"보드 잡아!!!!!"

얼굴들은 사라지고 모든 것이 아득해진다. 수면은 내 머리 한참 위에 있고 보드는 모터보트처럼 내 몸을 마구 끌고 간다. 나 이제 죽나? 이렇게 죽나?

"보드 잡으라고!!!"

너무나 예쁜, 하늘빛 닮은 그 물이 자꾸만 나를 붙잡는다. 오늘이 마지막이면 안 돼. 여기서 죽으려고 지옥 같은 항암을 견디고 왔다고? 리쉬를 어서 잡고 보드를 찾아. 이럴 수는 없어.

항암을 하던 어느 날. 혈액에 염증 수치가 높았다. 그

날따라 새벽까지 잠들지 못했다. 나도 모르는 순간에 잠에 빠져들듯이 슬며시. 그렇게 의식을 잃었다. 열이 오르고 맥도 잡히지 않았으므로 간호사는 급히 의료진을 불렀다. 원하지 않았는데도 소변줄이 꽂혔다. 몸에 심전도 기계 줄이 붙었다. 기저귀도 채워졌다. 심장이 제대로 뛸 수 있도록 승압제가 투여되기 시작했다. 누워있을 뿐인데 심장이 요동쳤다. 간호사가 내 이름을 부르며 불렀다. 의식을 확인하기 위해 재차 신원을 물었다. 입술이 움직여지지 않았다. 다 들리는데…… 자꾸 뭐라고 하는데. 정말로 다 들리는데 나는 눈동자조차 움직일 수 없었다. 이렇게 죽는 건가.

물속에서 마구 굴렀다. 성인 남성의 키보다 훨씬 컸던 2.4m 높이 가량의 파도였다. 전 세계의 내로라하는 서퍼들이 챔피언을 가리는 발리의 한 해안이었다. 파도는 깨지는 곳에서만 깨진다. 큰 파도는 한 번으로 끝나지 않는다. 인명 구조 자격도 수료한 A조차 내 쪽으로 쉽사리 다가올 수 없었다.

해변에 동양인은 우리뿐이었다. 아무도 도와주지 않았다. 아니. 도와줄 수 없었다. 그 누구라도 그 파도에 다가갈 수 없었다. 파도가 부서지는 그곳 바로 앞에서 A는 일그러진 얼굴이 되어 고래고래 소리를 질렀다. 발을 구르며 보드를 잡으려 발버둥 칠 때마다 집채만 한 파도가 나를 폭포처럼 덮쳤다. 무음의 공간으로 가라앉던 나를 붙잡은 건 A의 목소리였다. 그 덕에 보드도. 정신도 놓치지 않을 수 있었다. 파도가 내게 흥미를 잃고 서서히 뭍으로 뱉어내자 A가 내 보드를 잡았다. 날카로운 산호를 맨발로 밟으며 나를 해안까지 밀고 끌었다. 어떤 표정으로 나를 붙잡았는지 기억나지 않는다. 내 후드티는 어디로 갔을까. 내 왼쪽 허벅지는 왜 뜨거울까.

패혈성 쇼크가 왔던 그날. 입술은 움직이지 못했지만 기억만은 또렷했다. 죽은 사람은 귀가 가장 나중에 닫힌다는. 소문 같은 그 말을 몸소 겪었다. 침대에 붙박인 채로 나흘 넘게 땅을 밟을 수 없었다. 승압제를 비롯한 여러 약물의 부작용으로 몸이 덜덜 떨리고 환각이 보이기도 했다. 나는 주문처럼 되뇌었다.

'나는 낫는 중이다. 나는 나아가는 중이다. 나는 괜찮아질 거다……'

모래사장에 발이 닿았을 때 왼쪽 허벅지에서 피가 뚝뚝 떨어졌다. 손바닥만큼 패었다. 땅을 밟으니 몸에 힘이 빠졌다. 그대로 주저앉아 허공을 바라봤다. 멍했다. 머리에 산소 공급이 제대로 안 되었으니 당연했다. 미처 의식하지 못했지만 해변의 모든 사람의 눈이 우리에게 꽂혀 있었다고 한다. 나는 그들의 시선에 아랑곳하지 않고 숨을 들이켰다. 어디 한 군데 부러지거나 정신을 잃지 않고 뭍에 다다랐으니 그걸로 충분했다. 남의 시선이 대수롭지 않았다. 내가 살았다는 사실이 사소한 모든 것을 전복시켰다. 피가 멈추지 않는 허벅지 상흔도 괜찮았다. 깨진 유리를 밟은 듯한 발바닥도 괜찮았다. 죽음 대신 삶을 얻은 대가가 이 정도라면 아주 괜찮은 거래였다.

숙소로 걸어오는 동안 피는 멈추지 않았다. 비상으로 갖고 왔던 작은 습윤 밴드로 응급처치했다. 밥을 일찍

먹고 괜찮은 척 침대에 누웠다. 그러다 잠이 깼다. 들불처럼 몸에 통증이 오르는 듯했다. 가시밭을 밟는 것처럼 발은 아우성을 쳤고 발등도 뻐근했다. 허벅지 양쪽은 매질이나 당한 듯이 통증이 올라왔다. 온몸에 염증반응이 돌고 있었다. 미열이 나는 듯했다. 시계를 확인했다. 침대에 누운 지 고작 한 시간 반 정도가 지났을 뿐이었다. 한참 잔 느낌이었지만 밤은 여전히 남아 있었다. 오랜 시간을 들여서 몸을 일으켰다. 몸은 뇌의 명령을 즉각적으로 수행하기 부담스러워했다. 부상은 전혀 가볍지 않았다. 허벅지에 붙인 밴드에 배어 나온 자국은 아직 붉었다. 열까지 오르면 안 돼. 다행히 타이레놀이 몇 알 있었다. 삼켰다.

이만하면 다행이지. 보드에 턱을 부딪쳤지만 머리가 찢어지진 않았다. 몸 곳곳에 타박상. 하체에는 찰과상. 발바닥에는 창상이 있었지만 어디 한 곳이 부러지지는 않았다. 물속에서 도움닫기를 하듯 발을 굴러서 겨우 수면 위로 얼굴을 내밀었고 그렇게 크게 들이마신 숨 하나로 실종을 면했다.

 난 바다를 그 누구보다 좋아했고 사랑했다. 그 생명력과 생동력을 닮고 싶어 했다. 아름답지만 치명적이었던 그 파도가 편안해야 할 꿈자리를 방해하기 시작한다. 하늘빛을 닮았던 낯선 나라의 파도가 눈 감은 나를 재차 덮친다. 내가 얻은 것과 잃은 것을 셈해본다. 얻은 것은 목숨. 잃은 것은 겉옷이었다. 스무 살쯤에 산 보랏빛 후드 점퍼. 내가 가장 좋아하는 색깔이어서 많이 아끼던 운동복이었다. 강한 여름 햇볕을 가릴 때는 후드 모자가 달린 그 옷이 제격이었다. 후드 모자를 깊게 당겨쓰고 바다에 있으면 얼굴이 덜 그을렸다. 나의 모든 여름은 그 옷과 함께였다.

 첫 번째. 아니면 두 번째 파도에 맞았을 때였을까. 등을 감쌌던 그 옷이 훌렁 뒤집히더니 팔에 감겼다. 보드에 몸이 이끌려 갈 때 그 무게감이 왼쪽 팔뚝에 묵직했다. 세 번째 파도를 맞고 나자 왼팔이 믿을 수 없이 가벼워졌다. 귀신의 장난을 눈앞에서 겪은 듯이 '이럴 때가 아니구나'. 퍼뜩 정신을 차렸다. 주먹처럼 말아 쥐고 있던 손아귀의 힘을 풀었다. 손목에 감겨있던, 이미 찢겨서 한 뼘만 남겨진 옷의 조각이 물결에 떠밀려 사라졌다.

내가 끝까지 잡고 놓치지 않으려고 한 건 무엇이었을까. 죽음이 넘실대는 순간에 나는 그 옷의 무엇이 그렇게 중요했을까. 소매 조각만 부여잡고 있었다는 것을 인지하자마자 그것이 의미가 없다는 것을 알았다. 뒤늦게 허겁지겁 수면으로 고개를 들이밀기 위해 안간힘을 썼다. 어리석은 미련이었다. 어째서 숨이 넘어갈지도 모르는 순간까지 그 옷을 부여잡고 있었을까. 옷에 쌓인 십여 년을 놓칠까 봐 그랬을까. 속절없는 애틋함이었다.

"너 목숨이 몇 개야?!"

숙소에 돌아오는 길에 A가 농담처럼 말했다. 나는 오늘 운이 없었던 한편, 운이 좋았다. 조류에 떠밀리고 파도에 끌려간 것이 내 의지는 아니었다. 삶은 내 의지대로 흘러가지 않는다. 생의 끝을 두 번이나 맛보게 된 나는 다시금 그 끝을 생각한다. 인생의 끝에 다다랐을 때 내가 정말 놓치고 싶지 않은 건 무엇이 될까. 미련을 잔뜩 점철해 놓아서, 차마 놓지 못하고 손에 꼭 쥐는 것은 무엇이 될까. 인간이 생의 끝에서 가장 놓지 못하는 것은 무엇일까. 끝이 다가온 어느 날, 나는 홀가분하게 눈감을 수 있을까. 내 귓가에는 누구의 말소리가 머물게 될까. 흔들리지 않는 눈동자로 무엇을 말할 수 있을까.

눈 감아도 떠오른다.
푸른빛과 하얀빛이 뒤엉킨 투명한 물결
그리고
보랏빛 후드 점퍼.

바다가 삼켜버린 여름의 기억이여.
안녕히.

균형

"으, 무서워요……."

"뭐가 무서운데?"

"물에 빠지는 거요."

"물에 빠지면 어떻게 되는데?"

"숨을 못 쉬어요."

"물속에서 3초는 견딜 수 있을 텐데?! 자전거를 탈 때, 생각하면서 타?"

"네."

"생각하면서 탄다고? '나는 지금 자전거를 탈 거다. 타고 있다…'. 이렇게?"

"아. 아뇨."

"처음이 어렵지. 자전거처럼 그냥 타는 거야."

그렇다. 서핑은 그냥 타는 거였다. 보드가 아니라 파도를 탄다. 파도 위에 보드가 있고 그 위에 몸이 얹혀 있을 뿐이다. 살아있는 파도 에너지를 이용한 스포츠. 서핑은 2020년 하계 올림픽에 정식 종목으로 채택되었다. 근력 강화. 지방 연소는 물론이고 조정감. 지구력. 균형감 향상까지 가져온다니 운동으로서의 조건은 완벽하다. 자연물인 바다를 그대로 활용하는 무동력 스포츠이기 때문에 친환경 스포츠라고도 말한다.

운동은 좋아해 본 적이 없지만 물의 질감만은 좋아했다. 내 살갗 어딘가가 물을 가를 때 일어나는 그 촉감을 좋아했다. 팔을 움직여서 노처럼 휘이- 젓고. 허벅지와 무릎을 움직일 때면 손바닥. 발바닥에 물길이 닿았다. 바다에서 더 오래 있고 싶었다. 서핑을 배우자고 A의

손을 잡아끌었다. A가 파도를 알아서 잡아탄 지는 오래 전이었다. 백혈병이 나의 근육과 살을 잡아먹은 탓에 나는 한참 진도가 뒤처졌다. 다시 용기를 냈다. 서핑을 다시 배워보기로.

"넘어질 것 같다고 생각하니까 넘어진 거야."
"넘어지는 게… 무서워요."

죽음 가까이에 갔던 기억 때문일까. 잔잔한 바닷물 속에서는 얼마든지 웃을 수 있었지만 조금이라도 커 보이는 파도 앞에서 그렇지 못했다. 서핑 선생님이 파도에 보드를 얹어주려는 순간에 심장이 마구 뛰었다. 불안과 함께 겁이 솟았다. 그다지 크지 않은 파도였고 위험한 것도 없는 깊이였다. 단단한 파도였는데도 보드 위에서 두 발로 일어나지 못했다. 파도를 믿을 수 없었다.

"그동안 이것보다 어려운 것도 다 해냈잖아?"

나의 서핑 선생님. 투병 이전부터 지금까지 나의 흥망성쇠를 다 지켜본 사람이었다. 가볍게 보태는 이 한마디에 지난했던 항암의 기억 몇 장면이 내 머리를 툭 치고 갔다. 봄에 돋아나는 푸른 새싹을 보듯 내 머리카락의 길이를 기특하게 바라봤던 선생님이다. 머리카락의 길이가 꼭 삶의 징표처럼 여겨지던 시절을 그 누구보다 가까이서 응원해줬던 사람이었다. 막냇동생에게 알려주듯이 말을 이었다.

"넘어지는 게 무서우면 안 타면 되는 거지. 파도 위에서 완벽하게 균형이 유지되는 건 1초도 힘들 수 있어. 계속 균형을 유지하려고 하는 것뿐이야."

그랬다. 서핑 중계 영상이 머릿속에 스쳐 지나갔다. 마음껏 물결을 타며 이리저리 움직이다가도 몇 분이 지나고 나면 보드와 몸은 제각기 갈 길을 가곤 했다. 날고 긴다는 서퍼도 결국은 물에 빠졌다. 파도 위에서의 '완벽한 균형'이란 지속될 수 없는 성질의 것이었다.

생각해 보면 자전거를 배울 때도 비슷했다. 넘어지는 것이 싫어서 자꾸 브레이크를 밟고 다리를 땅에 내렸다. 그렇지만 자전거가 앞으로 나가기 위해서는 발을 떼지 않고 계속 페달을 밟는 수밖에 없었다. 넘어지더라도 그런 시도들이 쌓이자 자전거를 탈 수 있었다. 서핑도 다르지 않다는 것을 지금에서야 알겠다. 보드 위에서 균형을 잡기 위해서는 물에 빠지는 수밖에 없다. 어쩌면 파도 위에서 균형이란 목표는 영원히 도달할 수 없는 꼭짓점일 수도 있겠다. 물결 위에서 그 누가 파도를 타든지 몸을 적시지 않고는 서핑을 할 수 없다. 이때 '물에 빠진다'는 건 수렁에 빠지는 것과는 다르다. 내 중심을 알기 위한 과정일 뿐이다. 실패라고 섣불리 말할 수 없다.

일어나지 않은 일에 대해 겁을 과하게 집어먹은 나를 반성했다. 물은 잠깐 먹을 수도 있겠다. 3초 정도 숨을 못 쉰다고 죽는 것도 아니다. 자전거를 머리로 생각하지 않고 몸으로 타듯이. 서핑도 스스럼없이 파도에 보드와 내 몸을 얹어야 한다. 기우뚱하는 그 모든 경험치는 균형을 이루기 위한 자양분이 된다.

삶에 푹 젖으려면 균형이 어긋나는 순간도 자연스러운 일일 수 있겠다. 삶도 기우뚱하지 않고 굴러갈 수는 없다. 삶이라는 물결 위에서 넘어지거나 흔들리지 않고 세상에 나아가는 사람은 없다. 우리는 자주 기우뚱하며 산다. 완벽하게 행복한 삶은 없다. 모두 다 흔들리며 산다.

 균형을 시도하기 위해 오늘의 나는 몇 번이고 바다에 빠졌다. 무릎이 펴지지 않아서. 엉덩이를 들어 올리지 않아서. 무게 중심이 너무 뒤로 가 있어서. 앞발의 방향이 잘못되어서…. 그 많은 이유로 파도에서 넘어져 물에 빠졌다. 오늘의 내 무게 중심의 흔적을 연결해본다. 물결 위에서 넘어진 내 경험이 작은 점으로 쌓여 줄을 이룬다. 무수한 점이 이어져 선분이 된다. 그러던 잠깐의 순간에 모든 것이 탁!

 자세가 맞았고 발 방향도 맞았고 무엇보다도 흰 파도의 거품이 물결을 제대로 보내주었다. 드디어 내 보드가 파도에 올랐다. 바다 위에 하나의 선분이 길게 그어진다. 나도 보드를 따라 파도를 탄다. 곧 물에 빠져 3초 동안 숨을 참아야 한대도 오케이.

나름의 균형을 잡기 위해 작은 점들을 이어 나가는 선분.

그것은 서핑.

그리고 삶인지도.

시작

배가 출발했다. 439명이 정원인 쾌속선이다. 내 승선표에는 '씨스타 5. 1층 일반석 사2'라고 적혀 있었다. 강릉항에서 출발한 지 두 시간이 넘었을까. 울릉도 저동항까지는 세 시간 반 정도가 걸린다. 잠시 잠이 깼다. 1층 선실 가운데 자리에서 반쯤 감긴 눈으로 창밖을 둘러봤더니 기묘하다. 창밖에는 아무것도 없다. 멀미약 기운으로 몽롱한 와중에 선박 양측 유리창으로 보이는 것이라곤 바다뿐. 잠결인 듯, 꿈결인 듯 배가 울렁인다. 나는 지금 어디쯤일까?

길을 잃었던 적이 있다. 살아야 하는 이유를 그 어느 날에 놓쳤다. 키가 큰 나무 사이에 주저앉아 쇳소리가 나도록 울었다. 내가 왜 살아왔을까. 죽어버리면 모든 기억조차 다 사라질 거고 나도 사라지면 그만일 텐데……. 충혈된 눈으로 걷고 또 걸었다. 집으로 가는 방향을 잃어버린 듯이 걸었다. 마음은 자리를 못 잡고 허공을 맴돌았다. 내가 있어야 할 곳을 잃었다고 여겼다. 생의 끝을 생각했다.

배 밑판에 물결이 부딪힌다. 부웅- 떴다가 아래로 털썩. 다시 위로 부웅 떴다가 아래로 털썩. 큰 물결이 배에 닿을 때마다 무중력이 내 몸을 들었다가 놓는다. 바다 상황이 좋지 않을 때는 배가 출발했더라도 상황에 따라 회항하기도 한다고 들었다. 선체를 흔드는 바다의 기세가 대단하다. 뱃멀미는 각오했다. 선체 탑승 한 시간 전에 마시는 멀미약을 먹었고 귀밑에도 스티커 같은 멀미약을 붙였다. 귓가에 돌림노래처럼 남의 구역질 소리가 들린다. 준비를 단단히 했는데도 겁이 난다. 불안이 느껴질 때 제일 중요한 건 호흡이다. 물결의 파동이 선체 밑바닥으로부터 내 몸을 훑으며 수직으로 흔든다. 눈을 감는다. 숨을 크게 들이마시고 내쉰다. 보이는 게 다가 아니다. 보이는 게 다가 아니다… 괜찮을 거라고 스스로 다독인다.

내 삶이 끝나버리면 어떻게 될까. 보이는 것과 보이지 않는 것. 믿고 싶은 것과 믿고 싶지 않은 것. 내가 할 수 있는 것과 할 수 없는 것. 그 간극은 컸다. 질문은 아무도 듣지 못하는 메아리였다. 스스로 답을 구할 수밖에 없었다. 눈이 가려졌다고 해도 어둠 속에서 더듬거려서라도 조금씩 나아가야 했다.

삼 년 전이었다. 항암. 이식. 장기간의 입원으로 몸이 바닥을 쳤다. 내 발로는 한 번에 100m를 채 걷지 못했던 때다. 그때 안목해변 카페 창가에서 눈에 들어온 건 강릉항이었다. 배가 막 도착했었을까. 꽤 많은 사람이 커다란 가방을 들거나 캐리어를 끌면서 해변으로 쏟아져 나왔다.

"우리도 언제 울릉도 가자."

 마음보다 입이 먼저 말을 뱉었다. A는 말없이 고개를 끄덕였다. 그 누구도 내 생의 유효기간을 점칠 수 없던 때였다. 꽉 막힌 듯한 가슴 안에도 의구심이 떠다녔다.

 '내가 할 수 있을까? 내가 내 발로 다시 마음껏 걸어 다닐 수 있을까? 여행을 자유롭게 다닐 수 있는 시간이 내게 올까……?'

 끝에 다다랐다고 생각했을 때 한참을 주저앉았다. 바닥에는 풀과 나무가 있었다. 씨를 심으면 당장은 아무것도 보이지 않더라도 그 어느 날에는 푸릇한 싹이 돋는다. 보이지 않는 것을 믿기로 했다. 잎은 물론이고 언젠가는 꽃과 열매까지 볼 수도 있지 않을까. 막연한 희망을 마음에 담기로 선택했다. 내 삶도 여기서 끝은 아니다. 보이는 게 다가 아니다…….

 오늘 드디어 그곳으로 간다. 민둥산 같던 머리는 이제 제법 긴 머리칼로 덮였다. 삶의 끝을 넘나들던 저릿한 기억이 넘실댄다. 물결의 봉우리에 오르면 3초 정도 허공에 몸이 붕 떴다가. 물결의 골에서는 몸이 털썩 떨어진다. 몸은 선체와 함께 계속 앞으로 나아가고 있다. 감은 눈을 뜨면 앞 좌석의 등받이는 움직임 없이 그대로다. 몸은 이동하고 있지만 눈앞의 사물은 미동 없이 그대로인 셈이다. 시각신호와 이동 감각이 충돌한다. 멀미. 몸이 지각하는 균형감각이 어긋나는 순간이다. 눈을 감은 채 한 가지 사실에 전념해 본다.

'나는 깊은 수심의 동해를 지난다. 내가 발 딛고 있는 선체 아래로 파도가 지나가고 있구나. 곧 나는 내가 바라던 그곳에 발을 딛을 거다.'

여기에 작은 상상을 더한다. 보이지 않는 물결을 머릿속에 그린다. 서프보드를 배에 깔고서 작은 파도를 넘는 거다. 나는 이 파도를 넘을 수 있는 사람이다. 숨만 잘 쉬면 된다. 물결 따라 몸이 붕 뜰 때 '후읍-' 숨을 들이마셨다가는, 털썩 떨어질 때 '푸-'하며 작은 소리로 호흡을 맞춘다. 내 몸이 다시 '부웅-'하고 몸이 허공에 잠시 뜨는 듯하다가 빠르게 털썩.

얼마만큼 왔을까. 설핏 잠이 들었다가 또다시 깼다. 아직은 비몽사몽이다. 주변을 천천히 둘러보는데 선체 중앙에 시커먼 한 덩이가 보인다. 서서히 몸집을 불려 간다.

'저게 울릉도……인가?'

선체 창에 어렴풋이 보이는 섬의 윤곽이 낯설다. 이렇게나 멀리 와야 만날 수 있다니. 이만 오천 년 전에 태어난 화산섬이 내게 눈을 맞춘다. 내륙에서 전혀 보지 못했던 외양의 바위섬이다. 이제야 우리나라 동쪽 끝에 거의 다다랐다.

한 나라의 방위 끝으로 다가가면 심장이 두근댄다. 포르투갈의 호카곶에서도 그랬다. 유라시아 대륙의 가장 서쪽. 유럽의 끝이라는 상징적 의미에 마음이 울렁였다. 깎아지른 절벽 위에서 칼바람을 맞으면서도. 눈을 감지 못하고. 발길을 서둘러 돌리지 못하고 석양을 지켜봤다. 발을 디디는 그 모든 곳이 엄연히 모두 '땅'인데도 '끝'이란 말이 붙으면 애틋해졌다.

"잠시 후면 울릉도 저동항에 도착합니다."

퍼뜩 잠이 달아난다. 바닥에 내동댕이쳐졌던 나도 눈을 뜬다. 드디어 도착했구나. 선내가 기대감으로 술렁인다. 우리나라 영토의 동쪽 끝에 독도와 울릉도가 있다. 행정구역상으로 경상북도 울릉군. 강릉에서 이곳까지의 직선거리는 약 185km 정도이다. 세 시간 반 정도의 운항이 끝에 다다랐다. 눈을 뜨고 나니 암흑 속의 과거는 어느새 뱃머리 뒤로 넘어갔다.

삼 년 전 강릉항 카페에서 부러운 눈으로 여행객을 바라보던 나. 오늘의 나는 그 여행객이 되었다. A는 떠나기 며칠 전까지도 몸이 괜찮겠냐고 걱정스럽게 물었다. 항암 부작용으로 울렁증을 심하게 겪었던 나를 염려했다. 나는 웃으며 답했다.

"한국 사람이면 독도랑 울릉도에 한 번쯤 가 봐야지."

새삼스럽게 내가 끝이라고 믿었던 순간을 곱씹어본다. 보이지 않는 것을 좇는다고 그것이 신기루를 잡는 허

무맹랑한 일만은 아니었다. 내가 삶의 끝에서 놓지 못한 것은 보이지 않는 미래였다. 모든 끝의 꽁지에는 투명한 시작이 매달려있다. 지금 당장 내 눈앞에 보이지 않고 잡히지 않는다고 해도 올곧게 믿어냈다. 승무원이 문을 활짝 연다.

 이제 배 밖으로 나가 한 발을 내디디면 그곳이다.
 연마되지 않은 듯한 천연덕스러운 돌의 자태 그대로. 울릉이 고개를 든다.

 우리나라 동쪽 끄트머리 땅이 내 눈앞에 있다.
 이제 시작이다.

#3. 모래사장

너머

  우리 집 강아지는 남다른 재주가 있다. 어느 바닷가에서든 장난감을 찾아낼 수 있는 능력이다. 나는 바다를 보는 것을 좋아하고 A는 서핑하는 것을 좋아한다. 날씨가 좋고 파도가 좋은 날에 우리는 바다로 간다.

  A가 보드를 꺼낸다. 맑고 화창한 날이다. 서핑숍 안에 있기에는 아까운 날씨다. 나도 강아지와 모래사장에서 콧바람을 맞는다. 얼굴이 크고 코가 짧은 단두종인 우리 강아지가 납작코를 킁킁. 고개를 분주히 놀리며 발동을 건다. A가 서프보드를 한 손으로 번쩍 들고 바다로

들어가면 나와 강아지의 뺏고 던지기 놀이도 시작된다. 해변에 있는 거의 모든 것을 장난감으로 삼을 수 있는 우리 강아지의 능력은 볼 때마다 감탄스럽다. 세찬 바닷바람에 부러져버린 큰 나뭇가지. 바다로부터 떠밀려왔을 스티로폼 부표. 어딘가로부터 끊어져 온 밧줄 등 쓸모가 없어진 모든 것이 물색 대상이다.

제일 신이 나서 가져오는 것은 빈 플라스틱 물병이다. 무게도 가벼워서일까. 입으로 꼭지를 살짝 물면 자기 딴에는 움직이기에 제법 적당하게 느껴지나 보다. 내 발밑까지 가져와서는 몸뚱이를 야무지게 놀리며 어서 뺏어보라고 설레발을 친다. 큰 눈망울이 새초롬하게 움직이며 부산스럽다. 자기가 찾아낸 이 멋진 장난감을 어서 멀리 던져주기를 바라고 있다. 콧구멍을 벌렁대며 줄기차게 나와 눈을 맞춘다. 기대하는 눈빛으로 입으로 야무지게 병 꼭지를 물고 있다. 이 모습이 새삼스럽게 신기하다. 예전처럼 온갖 것을 함부로 씹거나 먹지 않으니 다행이다.

강아지가 이갈이하던 때는 온갖 쇠붙이를 다 씹어 삼

키곤 했다. 오밤중에 응급실로 달려간 것이 한두 번이 아니다. 복부 엑스레이 사진 속 흐린 회색의 풍선처럼 보이는 위 안에는 거짓말처럼 낯선 것이 들어차 있었다. 얇은 체인이 뱃속 가운데에 다소곳이 모여 있었다. 설마 하며 졸린 눈을 비벼 봐도 진짜였다. 눈을 부릅떴다. 도대체 왜 삼켰던 걸까.

생명의 입은 생존을 담당한다. 이가 하나도 없는 아기도 손에 잡히는 것은 무엇이고 다 입에 가져간다. 먹지 못하면 살지 못함을 본능적으로 아는 까닭이다. 함부로 입이 삼킨 체인은 생존과 거리가 멀었다. 어색한 위치에 자연스럽게 들어 있는 이 작은 이물질은 값이 비쌌다. 위를 세척하고 링거를 맞는 하룻밤에 오십 만원이 훌쩍 넘었다. 전기코드가 잘근잘근 씹혀있는 것을 목격했던 어떤 날도 있었다. 변을 샅샅이 뒤져서 이물질이 나온 것을 확인하고서야 두 발을 뻗었다. 소화될 수 없는 이물질을 먹으면 죽을 수도 있다. 무모한 호기심의 비용을 비싸게 치른 탓에 우리 강아지는 무사했다.

모래 위에 덩그러니 있던. 미처 무사하지 못했던 동물의 모습이 머리에 스친다. 생태환경 사진작가인 크리스 조던의 작품이었다. 깃털이 분명 흰 빛이었을 큰 새 한 마리. 그 뱃속에 알록달록한 낯선 모양이 가득 들어차 있었다. 뇌리에 그 모습이 생채기처럼 남았다. 작가 조던은 8년 동안 북태평양의 미드웨이섬에서 인위적인 조작 전혀 없이 자연 상태 그대로를 렌즈에 담았다고 했다. 이 새는 비행이 가능한 조류 중에 가장 커서 날개를 펴면 3~4m나 된다는 '앨버트로스'다. 이 진귀한 동물은 어째서 예쁜 쓰레기를 먹게 된 걸까. 가장 큰 날개로 하늘을 누비는 앨버트로스는 세상에서 가장 높이. 그리고 아주 멀리까지 날 수 있다던데. 병뚜껑이 보석처럼 예뻐서 삼켰을까. 자기 숨이 끊어지는 줄도 모르고.

　숨이 멎은 후로 바람이 끊임없이 불어서 새의 육신은 말라갔을 거다. 아직은 깃털과 뼈가 남아 있어서 몸의 형체를 온전히 알아볼 수 있었다. 내장기관은 이미 풍화되어 흔적도 없는데 그곳에 찬연한 색이 잔뜩 들어차 있었다. 누군가 작정하고서 죽은 새의 배 위에 플라스틱 병뚜껑을 모아 쌓아둔 것만 같았다. 이렇게나 많이. 함부로 삼킨 것이 너의 숨을 끊어놓았구나.

눈앞에서 파도는 자꾸만 깨진다. 강아지는 빈 플라스틱 물병을 가져와서 내게 재차 문대며 다시 던져달라고 난리다. 못 잡겠다는 척을 하다가 재빨리 물병을 낚아챈다. 어깨로 큰 반원을 그리며 최대한 멀리 던져본다. 물병이 먼 곳에 떨어지는 것을 본 순간, 강아지는 로켓 발사되듯 목표물로 튀어간다. 뛰어가는 모습을 보니 우리 강아지는 잘 살아 있다.

태평양 창공에서 그 지구의 그 어느 동물보다도 높은 곳에서 가장 큰 날갯짓을 하며 활공을 하던 이 앨버트로스는 숨의 마지막에 이르러 무엇을 바라보고 있었을까. 동물은 생명 넘치게 움직여서 동물이다. 모든 생명은 숨을 잃자마자 이내 딱딱하게 굳어져 버리는 그 몸뚱이 때문에 죽는다. 생명의 기운을 잃고 스러져가는 광경은 여간해서는 익숙해지지 않는다. 동물이 인간의 언어를 말할 수 없으니 눈을 부지런히 들여다볼 수밖에 없다.

강아지가 제 얼굴에 무게 중심을 두고 궁둥이로 춤을 추며 내게 달려온다. 부지런히 내 눈을 찾아 맞추며 시선으로 말한다. 입에는 다시 플라스틱 물병이다. 그러고 보니 이 물병의 뚜껑은 어느 곳에 외따로 있는 것일까. 그 뚜껑은 태평양에 있는 미드웨이섬까지 가서, 높게 하늘을 날던 앨버트로스의 눈을 사로잡았을까. 기어이 그 멋진 새의 목구멍으로 넘겨져 그 뱃속에 색깔 하나를 더했을까. 아니면 파도와 물결에 점점 잘게 부수어져 바다 깊숙이 사는 심해어의 아가미로 갔을까. 그것도 아니면 전설처럼 들려오는, 바다 한가운데 둥둥 떠 있다는 플라스틱 섬에 도착했을까. 북태평양 환류에 존재한다는, 우리나라의 열네 배 크기라는 거대한 쓰레기 섬 말이다. 아니면 적도 지방에 이르러 작열하는 태양을 따라 하늘의 구름이 되었을지도 모르겠다. 뱃속이 거북해진 먹구름이 북극에 도착해서는 눈으로 뱉어놓았을까. 사람 발길이 닿지 않는 북극의 눈에서 미세플라스틱이 다량 발견되었다던데. 영하 50도로 내려간다는 그곳의 북극곰은 이 세상 그 누구도 모르게 알록달록한 눈을 맞고 있으려나. 상상할 수 없는 영하의 온도만큼이나 피부에 와닿지 않는 서늘한 상상이다.

다시 병뚜껑 없는 물병이 내 품으로 직진해온다. 서핑을 끝낸 A가 모래사장으로 걸어 나온다. 강아지가 물병을 툭 떨어뜨린다. 이제 다 놀았다. 이국의 바다를 여행하고 돌아왔을지도 모르는 이 병이 만약 유리병이었다면, 또 그 안에 낯선 언어로 쓰인 편지까지 있었다면 꽤 낭만적인 이야기가 시작되었을지도 모른다. 스스로 영영 사라지지도 않은 운명이니 우리의 만남은 더 비극일까. 플라스틱이 썩으려면 백 년까지도 간다는데. 내가 생각 없이 마신 물 한 병. 내 육신이 풍화되고 나서도 길이길이 장수할지도 모르겠다. 한낱 인간으로서 목이 탄다. 지금 목구멍으로 넘어가는 것이 생명인지, 내 숨통을 끊는 죽음인지 모르는 것은 인간도 매한가지다. 우리 편해지자고. 지구 위 다른 생명이 비싼 값을 치르고 있다. 뱃속에 이물질을 잔뜩 품은 새가 높은 곳으로부터 활공하며 내려와 발을 디뎠을 드넓은 태평양. 새의 마지막 순간에는 무엇이 보였을까.

    A는 보드를 들고, 나는 플라스틱 쓰레기를 손에 들고 강아지는 연신 코를 벌렁거리며 해변을 걷는다. 귀여운 우리 강아지의 얼굴 너머에 여전히 병뚜껑을 먹는 커다란 새와 색색의 눈을 맞는 북극곰이 일렁댄다. 아직 막이 내리진 않았다. 우선 플라스틱 수거함을 찾아야 한다. 바다는 오롯이 생명만 삼키길 바란다. 나 하나. 지금 여기부터 시작이다. 동물의 위장은 생명을 살리는 먹거리로 들어차야 하고, 생명이 스러진 새의 몸은 온전히 흙으로 되돌아가야 하며, 하얀 북극곰은 얼어붙은 땅에 단단히 발을 붙인 채 흰 눈을 맞아야 한다. 평범하고도 당연한 풍경⋯⋯. 발에 닿는 모래알이 유난히 깔끄럽다. 비극을 희극으로 탈바꿈시킬 시간이 아직 우리에게 남아 있기를.

바람

 도둑 여행을 왔다. 별 계획 없이 훌쩍 바다 앞에 섰다. 바람이 쉬지 않는 장소다. 장마란 걸 알지만 나는 얼굴에 닿는 이 짠 내 향긋한 바람이 그리웠다. A는 바다에 푹 몸을 담근 참이다. 나무 벤치에 몸을 늘어뜨린 나는 내 허벅지에 자기 몸을 딱 붙이고 있는 우리 강아지를 쓰다듬는다. 강아지는 고개를 들어 파도를 보다가 귀를 쫑긋거리더니 이내 졸린 눈을 하고 엎드린다. 두세 시간 남짓한 차 안에서의 시간이 고단했을 거다.

서핑은 하늘빛을 보고 하는 것이 아니라 바람이 불어오는 방향을 보고 한다. 바람 마음에 달렸다. 바람이 파도 언덕을 어떻게 조각하느냐에 따라 재미도 달라진다. 다행히 오늘은 바람이 서핑을 허락했다. A가 서프보드에 몸을 얹고 팔을 채며 패들링을 시작한다. 회색빛 하늘 그 아래에 아슴아슴하게 쑥 빛 바다가 출렁댄다.

바다 위를 구르는 바람을 좋아한다. 바람이 유독 바다에만 있는 것은 아니지만 그 존재의 매력은 바다와 함께할 때 제대로 알 수 있다. 처음 서프보드를 강사가 밀어줬을 때 바람이 내 온몸을 훑었다. 내가 아는 바람의 감촉이 아니었다. 나를 공중으로 밀어내는 듯한 힘이 느껴졌다. 바람이 살아있다는 것을 나는 그때 알았다. 영화 「타이태닉(Titanic)」에서 '잭'이 '로즈'를 선두로 이끌며 양팔을 들어 올렸던 장면 또한 그 때문이었을지도.

오늘은 바람이 제법 차다. 어깨에 걸쳤던 두꺼운 해변용 방풍 코트에 팔을 끼워 넣어 고쳐 입었다. 넘실-. 울렁. 넘실-. 울렁. 파도 그네 사이로 A가 애를 쓴다. 비가 오지 않는 대신 옥빛 파도가 흰 거품으로 해변에 오르려 한다. 오늘 이곳을 허락한 바람은 다행히 내게 매섭지 않다. 바다를 구경하는 게 좋다. 바다로 여행을 가는 날에는 꼭 파도 가까이 다가가서 사진으로 담는다. 바람결에 이리저리 큰소리 내며 부서지는 파도를 보고 있노라면 아무 생각도 나지 않는다. 내 마음은 그 어느 때보다 차분해진다. 내가 아는 바람이 내 귓불을 당긴다.

심술부리는 바람 덕에 사진은 물 건너간 날이 있었다. 오랜만에 시간을 내어 바다를 찾아갔다. 큰바람이 집요하게 부는 날이었다. 바다 사진을 찍기는커녕 해변에서 멀찍이 있었는데도 얼굴 한가운데까지 머리카락이 침범했다. 미역 줄기가 붙듯이 내 눈. 코. 입. 뺨으로 마구 붙었다. 손으로 쓸어내리고 귀에 걸어도 자꾸 바람이 막았다. 끊임없이 충동질했다. 이곳에서만이라도 속이 시원해지라는 의미였을까. 울고 싶었던 나는 그 참에 눈 밖으로 물을 뺐다. 말하지 않아도 내 속을 들여다보는 기분이 들었다. 바람이 파도 방울까지 실어와 얼굴에 자꾸만 흩뿌렸다.

어떤 날은 바람이 고분고분하기도 했다. 내가 다가가도 파도만 자분거리며 만지작거릴 뿐이었다. 바닷가 모래사장. 그중에서도 파도 부서지는 곳 아주 가까이에서 나는 쭈그리고 앉았다. 하늘은 높고 구름은 수평선 너머에 있었다. 바람이 잠잠한 틈을 타서 발등에 오르는 물결 사진을 찍었다. 파도가 살랑살랑 사르르. 뒤로 다가온 바람이 순하게 웃었다. 한결 어깨에 힘을 뺀 바람이었다. 모래밭에 글자를 아무렇게나 쓰며 나도 웃었다.

한편 이놈이 아주 성이 날 때도 있었다. 태풍이라는 거대한 친구가 곁에 있을 때 마음껏 으스댔다. 비가 마구 쏟아지는 날 바다에 가면 우산을 써도 소용이 하나도 없다. 빗방울은 바람을 업고서 얼굴은 물론이고 내 등까지 사정없이 들이쳐댔다. 핸드폰 사진은 진작 포기. 물이 닿을까 봐 꺼내지도 않았다. 바람이 괴력을 발휘하는 그런 순간에는 우산을 접는 게 차라리 나았다. 내 몸에만 초점을 맞춘 듯이 바람이 무턱대고 빗방울을 뿌렸다. '나랑 싸우자!'라고 정식으로 말 붙여 온 건 아니니 이런 날은 좀 져주고 싶어진다. 그럴 만한 일이 있었겠지. 친구의 화풀이 푸념이라고 생각하기로 했다. 온몸이 꿉꿉해져도 어느 정도 참을 만했다. 해변 끝 숙소에서 옷을 말리면 그만이었으니까.

여행은 바람을 맞는 일이다. 누구는 집으로 돌아가기 위해 여행을 한다던데 나는 바람을 보려고 집을 떠난다. 이 존재를 마주하는 순간이 좋다. 자동차 차창 멀리. 바다 꽁지가 보이는 순간부터 나는 창문을 내린다. 그 틈으로 바다 향을 머금은 바람이 앞서거니 뒤서거니. 조수석으로 스며든다. 뒷좌석의 강아지는 코를 벌름거리며 밖을 궁금해한다. 오늘도 그렇게 이곳에 왔다.

지구상의 그 어느 곳보다 이곳. 바다 앞에서 이 존재는 지치지도 않게 매번 몸뚱이를 바꿔낸다. 공기의 이동에 불과한 바람이건만 방향을 지닌 채 움직이면 그 강도에 따라 온갖 사물이 반응한다. 귀여운 미풍이더라도 잠재된 힘은 엄청나다. 바람이 몸을 바꾸면 바다도 표정을 바꾼다. 이 특별한 존재를 만나는 일이 반갑다. 보이지 않게 우리 몸을 훑고 지나간다. 어떤 날은 다 드러내고 퍼붓는다. 몸을 힘있게 공중으로 띄워 줄 때는 세상을 다 가진 것도 같다. 말하지 않아도 내 속을 아는 친구 같다.

이러한 변화무쌍함과 다채로움 때문일까. 바람은 어쩌면 삶 자체가 잠시 모습을 드러낸 것인지도 모르겠다. 삶은 친절하게도. 때로는 거칠게도 나를 대한다. 바람 앞에서 변덕스러운 삶을 떠올릴 수 있다. 오늘도 예기치 않은 바람을 만나서 삶을 대하는 방법을 연습한다. 매번 같지 않다. 바람이 만들어 내는 바다의 표정을 담기 위해 핸드폰을 꺼낸다.

저 멀리 A는 바람이 만들어 낸 파도 슬로프를 몇 번

이고 타고 있다. 강아지는 깨지 않고 내게 붙어서 여전히 잘 잔다. 나는 바다를 보며 오래된 친구 같은 바람을 맞는다. 지금 내가 좋아하는 모든 게 다 있다. 여기 바다에서 A와 강아지. 그리고 나까지. 다 각자의 시간을 즐기고 있다. 핸드폰을 꺼내 지금 순간을 사진으로 담는다. 그리고 나는 바닷바람을 맞으며 아무 생각도 떠올리지 않는다. 집을 떠나 다른 곳에 왔으니 이곳의 바람을 즐길 뿐이다. 그저 시원하다. 지금이 좋다.

그곳

걱정과 고민과 답답함과 알 길 없는 퍽퍽함이 축적되어 끓어 넘치기 일보 직전. 갑갑하고 울먹이는 '마음'이 제 '몸'에서의 탈출을 시도합니다. 나비가 무밭에 숨어들어 쉬기를 원하듯 어김없이 그곳을 향해 냅다 내달립니다. 도망간 나의 마음을 찾아내기는 그래서 매우 쉽습니다. 기를 쓰고 가출한 마음이 멈추는 곳은 끽해야 동해입니다.

*

그 언젠가 A에게. 저는 이렇게 말했습니다.

"난 아마 전생에 모래에 사는 바다 벌레였을 거야."

"왜 많은 것 중에 벌레?"

"바다를 보는 건 엄청나게 좋아하는데 수영을 못 하는 거 보면."

*

바다를 진심으로 좋아합니다. 바닷물이 파도로 겹을 지어 움직이며 모래밭으로 달려오고 자기 몸을 하얗게 깨버리며 모랫바닥에 거품 물고 퍼지다가 다시 바다로 돌아가는 움직임을 마음은 언제고 보고 싶어 합니다.

헐레벌떡 몸을 탈출한 마음을 잡기 위해 쫓아가 보면. 바다 앞 모래사장에 덩그러니 앉아있습니다. 이제야 왔냐는 듯이 잠자코 앉아 있는 것이지요. 몸이 마음에게 질문해 봅니다.

"왜 그렇게 바다를 보고 앉아있어? 본다고 달라질 것도 없는데."

마음이 더듬거리면서 답하는군요.
"이 세상에. 똑같은 파도는…… 두 번 다시. 없거든."
자연(自然)스럽게 -말뜻 그대로. 힘들이거나 애쓰지 아니하고 저절로 된 듯이- 자연에서 때때로 보내주는 바람. 기압. 조류. 달의 끌어당김의 총합으로 바다가 만들어집니다. 함부로 계산할 수 없는 것들이 모여서 하나의 완결된 파도를 빚어냅니다. 바다는 파도를 쉴 새 없이 지상으로 내보냅니다. 콰콰르르 쏴아아아-. 무엇에도 그치지 않고서. 어느 것이 다가와도 그만두는 일 없이. 쉼 없이 이어 나갑니다.

물빛은 또 어떻고요. 동해는 가장 짙푸릅니다. 몇 걸음만 들어가면 허리. 가슴까지 푹 들어갈 정도로 금방 수심이 깊어집니다. 그래서 햇빛이 쨍한 날은 수심의 깊이에 따라 그라데이션 빛깔이 펼쳐집니다. 얕은 곳은 에

메랄드. 그 뒤쪽은 코발트블루. 더 깊은 쪽은 쪽빛에 가까운 네이비. 바다는 이때를 기다렸다는 듯 아크릴 물감 쭉 짜내어 투명한 셀로판 비닐을 덧칠하듯 조도가 다른 빛깔들로 자신을 스스로 치장합니다. 파도 끝자락이 새하얀 웨딩드레스 밑단 레이스처럼 펼쳐지는 날입니다. 이런 날은 바다가 자신을 아름답게 보이도록 작정한 날입니다.

이와 정반대의 날도 있습니다. 잿빛 구름의 볼때기에 심통이 가득 차거나 비 손님이 올 때. 아니면 습기를 잔뜩 먹은 말썽꾸러기 바람이 몰려올 때가 그런 날입니다. 바다는 나를 건들지 말라는 듯이 푸른 빛을 잃고 잿빛으로 드러눕습니다. 그럴 때면 바다는 누런 거품을 사정없이 뱉어내는 것도 모자라서 파도로 꽝꽝 제 몸을 칩니다.

또 어느 날은 귀 기울여도 파도 소리가 바람결로도 잘 들리지 않기도 합니다. 새색시가 한 톨도 흘려보내지 않겠다는 마음으로. 쌀을 가만가만 씻는 손놀림을 닮은 날입니다. 작은 모래 알갱이들이 살짝 물먹고 자기들끼리 소곤대며 굴러다닙니다. 그러고 보면 바다는 파도가 마지막 자존심인지도 모르겠습니다. 파도가 없다면 강물이겠지요.

놀랍게도. 때때로 바다는 쭉쭉 내닫는 모델들의 워킹처럼 파도를 수단 삼아 런웨이에 나서기도 합니다. 서퍼들이 웃는 날이죠. 뭍에서 바다로 불어나 가는 바람이 올곧게 만나게 되면 파도는 얼음을 깎아 만든 조각처럼 영롱하고 매끈한 미끄럼틀을 만들어 내었다가 순식간에 거두곤 합니다.

순간도 같은 적이 없습니다. 천연(天然)한 바다를 그저 바라봅니다. 날씨와 계절은 아무 문제가 되지 않습니다. 몸이 마음이 자리한 곳에 어깨를 붙이고 앉습니다. 말없이 바다를 같이 봅니다.

바다는 강과 다릅니다.

자기 속을 파도로써 언제고 쏟아냅니다. 쓰레기통을 거꾸로 들어서 탁탁 쳐내며 비우듯이 말이죠. 바다를 좋아서 마음도 바닥에 탈탈. 응어리졌다가 부스러진 마음을 털어봅니다. 큰 공간이 공(空)으로 생기는 것 같습니다.

마음이 자신을 비워갑니다.
슬그머니 몸의 어깨에 마음이 기대봅니다.
몸이 새삼 가벼워진 마음을 심장 있는 자리로 조심스럽게 얹습니다.

후에 몸이 마음을 떠나가 흙으로 돌아가는 날. 마음은 홀연히 이곳으로 날아와 바다에게 인사하고 난 뒤에야 하늘로 오를 게 분명합니다.

하늘이 이를 굽어보다가

"넌 그리 바다를 좋아하니 이제 소라게로 다시 태어나 보아라. 이제 바다 옆에서 살거라."

이렇게 분부 내릴지도 모르겠습니다.

바다를 사랑해 마지않는 소라게. 그렇게 태어나는 것도 퍽 괜찮을 것 같습니다.

| 나오기 |

바닷가에 머물기 좋아합니다.

돌. 모래. 바람…
크고 작은 자연물을 마주합니다.
끊임없이 물결을 이루어내는 파도 사이를 들여다봅니다. 저는 곧잘 충만해졌습니다. 바다는 정말 지치지도 않더군요.

제게
바다는
'삶은 예측할 수 없다'라는 거대한 환유였습니다.

동시에 그 무엇에도 그치지 않는 단단함을 온몸으로 내보이는. 하나의 생명이었습니다.

몽돌이 파도에 굴러서 부딪히는 소리.

첨벙대며 들어가는 어른과 머뭇대는 아이의 뒷모습. 물에 온몸이 닿는 시원한 순간.

병을 겪으며 차츰 흐려지던 존재감은 바다 앞에서 다른 국면을 맞았습니다. 크나큰 파도에 옷이 찢겨나간 여름의 기억조차 서프보드 위에서는 단단한 무게 중심이 되어주었습니다.

바다는 때때로 제가 지니고 있었을 감정의 모양을 가감 없이 보여주었고 저는 그 앞에서 두서없는 물음을 던지곤 했습니다. 바닷물 속 무음의 세계에서는 생의 끝을 상상하며 소중한 것이 무엇일지 가늠했습니다. 모래사장에서는 세상에 대한 미움도 한풀 꺾였으며 삶이 한층 달게 느껴졌습니다. 이 모든 일은 바다가 끝없이 펼쳐져 있으므로 가능했습니다. 생에 대한 믿음. 그저 천천히 나아가면 된다는 무언의 응원……. 바다 곁에서 자그마한 용기가 쌓이기 시작했습니다. 바다가 건넨 마음을 기꺼이 받아 들었습니다. 그리하여.

    저는
    지금 여기
    살아있습니다.

    바다처럼.

붙임말

| '드므'라는 이름 |

궁궐 목조 건물을 상징적으로 지켜주는 물동이 '드므'

'드므'는 넓적하게 생긴 독이라는 뜻의 순우리말이다. 궁궐에서 주요 건물의 월대와 그 마당에 드므를 설치하고 안에 물을 담아 놓았다. 드므에 담긴 물에는 화마(火魔)가 물에 비친 자신의 모습을 보고 놀라 도망가기를 바라는 마음이 담겨있다.

- 덕수궁의 정전, 중화전 앞 '드므'에 관한 설명글 발췌

그 이름처럼
마음속 화마를 몰아내며
저 자신을 돌보는 이름입니다.

삶에 더는 나쁜 것이 오지 않기를 바라며
하루하루 이어지는 모든 순간을 소중히 여깁니다.

나아갈 생의 순간들을
감정 넘치지 않게 온전히 풀어내며
종이에 갇히지 않는 글자를 꿈꿉니다.

| 지난 걸음 |

  크고 작은 공모전에 도전해 왔으며 '수필'이란 장르를 현대적인 감각으로 재구성하고자 합니다.

  서울시립미술관 『춤추는 낱말』 전시 참여 작가 제이슨 위(Jason Wee)의 「미래의 형태로서의 파편들」 워크숍에서 새로운 방법으로 창작을 시도하며 낭송에 참여(2022.10.26.)하였습니다. 한국문화예술위원회 다원예술부문, 제람·은유 『19호실로부터』 프로젝트 워크숍을 통해 수필을 창작하였으며 작품은 해당 프로젝트의 과정을 다룬 책에 실릴 예정입니다. 공저로 수필집 『수진 씨는 오늘도 살아가고 있다』, 시집 『시, 시작』, 매거진 2W 특별판 『글쓰는 여자들』 등이 있으며 2021년부터 매거진 2W와 문학저널 『동행』에 글을 싣고 있습니다.

  제35회 『시의 날』 히로애락 스토리로 선정된 글은 「작은 우산」이란 하나의 제목으로 시(시인 손택수), 곡·노래(시인 정현우), 모노극(창작집단 상상두목 단원 임지성)으로 창작되어 서울 '문학의 집'에서 발표(2021.11.01)되었습니다. 도리스 레싱의 『19호실로 가다』에 영감을 받아 창작한 수필 작품은 설치작품(설치미술가 노윤희)이 되어 제주 '혼자가 되는 집'에서 전시(2022.11.19.~12.19.)되었습니다. 이외에도 서울시립미술관 『선으로 새기는 나의 이야기』 도슨트 응접실, 한국문화예술위원회 문학주간 『글쓰는 여자들의 에세이 파티』 참가 등 다채로운 활동을 이어가고 있습니다.

종이에 머무는 글자로서의 '문학'뿐만 아니라
다른 영역으로 확장하여
다차원적인 예술로
나아가기를 꿈꿉니다.

―――
2021 서울시·한국시인협회 '시의 날' 희로애락 스토리 선정
2021 경기콘텐츠진흥원 '히든작가' 선정
2021 매거진 2W 10호. '이달의 에세이' 선정
2022 매거진 2W 21호. '이달의 에세이' 선정 2회
2022 경남신문·매거진 투머로우 최우수 수필 선정
2022 서울 투데이신문 신춘문예 수필 선정
2022 경기문화예술지원 선정

2021 앤솔로지 수필집『수진 씨는 오늘도 살아가고 있다』,
　　「코드명 푸르-」
2022 앤솔로지 시집『시. 시작』,「다섯 번째 계이름」
2022 매거진 2W 특별판『글 쓰는 여자들』(공저)
2022 교양·문화 계간지『문학마당』55호
2021~2022 문학저널『동행』창간호~2호
2021~2022 매거진 2W 10호~30호 필진

더없이 소중한 나의 인연. T.H.
언제나 그 자리에서 저를 지켜봐 주는 가족

그리고

이 책이 세상에 나오기까지
응원과 후원을 아끼지 않으셨던 모든 분께
진심으로 감사의 마음을 전합니다.

고맙습니다.

바다가 건넨 ㅁㅇ

초판 1쇄 발행 2022년 12월 25일
초판 2쇄 발행 2023년 5월 4일

지은이 드므 (정희정)
디자인 최소미
펴낸곳 낱개의 하루
출판등록 제2022-000184호
전자우편 everysingleday.book@gmail.com

© 2022. 드므 All rights reserved.

ISBN 979-11-980814-0-7 03810

- 이 책 내용의 전부 또는 일부를 재사용하려면 반드시
  저작권자의 동의를 받으셔야 합니다.

- 이 책은 경기도. 경기문화재단의 후원을 받아 발간되었습니다.